AF343701

6 — Avril 1924

LA BROCHURE MENSUELLE

PARAIT LE 15 DE CHAQUE MOIS

Rédaction et Administration : BIDAULT, 39, Rue de Bretagne, Paris-3e

Téléphone : Archives 65-24 — Compte Chèques Postaux Paris 239-02

POUR NE PAS VOTER

ÉLECTEUR ÉCOUTE !...
Par S. FAURE

LA GRÈVE DES ÉLECTEURS
Par Octave MIRBEAU

L'Absurdité de la Politique

EDITIONS DU
Groupe de Propagande par la Brochure

En dépôt : LIBRAIRIE DES VULGARISATIONS
Sociales, Scientifiques, Littéraires
39, Rue de Bretagne — Paris-3

Groupe de Propagande par la Brochure

La propagande par la brochure est une des meilleures lors-qu'on peut la faire avec suite.

Nos devanciers s'y sont employés de leur mieux. A l'heure actuelle, il est plus que nécessaire d'entreprendre une large diffusion de nos idées. C'est dans cette conviction qu'un groupe de camarades vient de se constituer et a décidé de faire paraître tous les mois une, deux, trois, quatre brochures ayant 8-16-24 ou 32 pages de texte, toutes du même format, sur beau papier, permettant aux camarades de pouvoir les relier ensemble et constituer pour eux une Bibliothèque Sociale à bon marché.

Le Groupe est certain de faire paraître : « La Brochure Mensuelle » pendant au moins un an, ayant en caisse les fonds nécessaires prêtés par plusieurs amis.

La difficulté était d'éditer à très bon marché, vu la cherté du papier, de l'impression, du brochage et frais d'expédition qui sont considérables.

Nous croyons avoir trouvé la solution et pouvons assurer à nos amis que nous céderons les brochures à un prix inférieur à leur prix de revient.

But du Groupe. — Comme le but du groupement est : la plus large diffusion des brochures, il s'agit de trouver des camarades partisans de notre méthode qui, s'abonnant à « La Brochure Mensuelle »,   pourront s'employer à la propagande en faisant circuler les brochures parmi ceux qu'ils connaissent, soit en les distribuant eux-mêmes, soit par la poste lorsqu'ils ne voudront pas faire savoir qu'ils s'intéressent à la propagande, soit en discutant avec des camarades : il est facile de leur glisser une brochure et de leur arracher deux sous. Les abonnés pourront ainsi récupérer le montant de leur souscription et augmenter leur propagande.

Camarades, aidez-nous, en souscrivant de nombreux abonnements à « La Brochure Mensuelle »,

Pour la France : 1 an, 6 francs ; 6 mois, 3 francs.

Chaque abonné recevra mensuellement suivant les éditions :

Soit 5 Brochures de 32 pages (1 titre)
» 10 — 16 — (2 titres)
» 20 — 8 — (2 titres)

Abonnement d'essai : un exemplaire chaque mois. Prix 1.50.

Pour l'Extérieur : Abonnement annuel, 1 exemplaire, 1.85 ; 2 exemplaires, 3.60 ; 4 exemplaires, 7 fr. ; 6 exemplaires, 10.50.

Tout ce qui concerne « La Brochure Mensuelle », « Nos Editions Sociales », « Le Service de Librairie », doit être adressé à : BIDAULT, 39, rue de Bretagne, Paris (3ᵉ).

Pour les envois de fonds, utilisez toujours le chèque postal : PARIS-23902, c'est le moins cher, le plus certain.

CATALOGUE DES BROCHURES

En vente à la

LIBRAIRIE DES VULGARISATIONS

BIDAULT, 39, rue de Bretagne, Paris-3e

Ouverte tous les jours de la semaine, de 14 à 19 heures.

Les dimanches, de 9 h. à midi.

Compte Chèque Postal : Paris 23902.

Téléphone : Archives 65-24

***. — Les Anarchistes et le Cas de Conscience...	0 25
***. — Centralisme et Fédéralisme	0 40
***. — « Mano Negra »	0 15
ALBERT (Charles). — Aux Anarchistes qui s'ignorent.	0 10
ALMEYREDA (Miguel). — Le Procès des Quatre.......	0 15
ARMAND (E.). — L'Anarchisme comme Vie et comme Activité.	0 10
— Lettre ouverte aux Travailleurs des Champs	0 25
— Les « Besoins factices », les Stimulants et les Individualistes	0 10
— Le plus grand Danger de l'après-guerre...	0 25
— La Vie comme Expérience. Fierté.........	0 20
— Mon Athéisme	0 15
— Les Ouvriers, les Syndicats et les Anarchistes.	0 25
— La Valeur et les Conséquences de son abolition.	0 25
— La Procréation au point de vue individualiste.	0 30
— A vous, les humbles (placard pap. couleur)	0 30
— L'illégalisme anarchiste, le mécanisme judiciaire.	0 30
BLANC (Louis). — Quelques Vérités économiques....	0 10
BOGGA (A.). — A bas l'Argent.............	0 30
BOSSI (E). — Jésus-Christ n'a jamais existé........	0 20
BRIAND (A.). — Pages choisies d'Aristide...........	0 10
BUTAUD et ZAÏKOWSKA. — Tu seras Végétalien!......	0 20
BUTAUD (G.). — Les Lois naturelles, base de Doctrine Universelle.	0 50
— Essai d'Etude du Besoin.............	0 50
CHAUGHI (René). — La Femme esclave.............	0 15
— Immoralité du Mariage	0 30
— Les Trois Complices	0 20
CLARENCE S. DARROW. — Qui est le Juge du Criminel?	0 45
DEJACQUES (J.). — A bas les Chefs!.............	0 10

Pour ne pas voter

DÉCLARATION

<table>
<tr><td>

LIRE ET FAIRE CIRCULER

Édité par des Travailleurs

</td><td>

Nous ne demandons rien. Nous ne promettons rien. N'est-ce pas une raison suffisante pour nous écouter ?

</td></tr>
</table>

Cinq années de guerre ont-elles apporté un seul **argument** contre ceux, déjà anciens, dont nous nous **servions,** nous antiparlementaires, pour démolir le parlementarisme? Aucun, au contraire. Tout n'avait pas été dit sur ce cadavre, qu'il nous faut tuer encore.

On n'avait pas été jusqu'à dire que des députés, socialistes, dits révolutionnaires, auraient vécu sur les charniers, auraient collaboré à une politique « d'Union sacrée » avec les suppôts du capitalisme exploiteur de la Mort, en acceptant des portefeuilles ministériels les liant à des besognes bassement criminelles.

Jamais on n'aurait osé penser, dans notre critique, que l'on jugeait acerbe, que des députés socialistes auraient imposé à un pays à l'avant-garde de la pensée et de la civilisation, une censure et des lois scélérates, qui ont ravalé une nation comptant un 1789, au rôle de bourreau des Révolutions, mâtant tout ce qui parle de sagesse, de bonté, de justice, de liberté et d'humanité.

Que pouvait-il subsister, lorsque les vertus échouent à la prison ou au poteau ?

Les révélations des Painlevé nous le disent *un peu :* Incompétences, irresponsabilité, veulerie, hypocrisie, abdication, calcul, tripotage, corruption, abus et crimes, dont une bureaucratie, maîtresse des destinées d'un peuple, fit toute la morale. Nous, antiparlementaires, avions-nous prévu les Thomas, les Compère-Morel, dans la guerre? Avions-nous prévu qu'un Longuet aurait été vomi par les Révolutionnaires Russes et qu'il aurait mérité l'épithète de traître de la part de Lénine ?

Électeur !

Si nous t'avions dit « député socialiste = David, Scheidmann, Noske, mitrailleurs et assassins », tu aurais crié à l'infâmie, et cependant il faut t'attendre à voir pire en France, si tu donnes de l'autorité à ces hommes et leurs semblables, qui se sont faits les instruments serviles *d'une bourgeoisie homicide, qui avait internationalement intérêt à la guerre, ainsi que les événements le démontrent.* Ces hommes, certes, ont des partisans, eux, guerriers jusqu'au-boutistes, dont les permanences étaient de vraies officines d'embusquage.

On voyait, dans la plupart de ces permanences, une foule *de ces votards qui réclamaient le poteau pour les pacifistes de 1914-1915,* spéculant sur la volte-face de leurs élus, pour s'échapper de la tuerie qu'ils avaient divinisée et cependant... les places étaient comptées, limitées, un embusqué en chassait un autre et la comédie continuait laissant tout le profit au député qui sait tout, et qui, aujourd'hui, compte sur l'idéal de tels... citoyens pour assurer le bonheur universel !

Coterie, intrigue, faveur, cupidité, chantage, combinaison, verbiage, timidité, surenchère, promesse, tromperie, fourberie, cynisme, trahison, voilà des mots qui caractérisent bien l'immoralité du bulletin de vote. Aussi, un député socialiste est bien perdu pour le Parti et pour lui, lorsqu'il pénètre au Palais-Bourbeux, pour n'y faire en somme que de la basse collaboration de classes.

Et c'est infiniment drôle de voir des syndicalistes minoritaires appartenant au P. S. U. reprocher aux Jouhaux leur collaboration de classe !

Ceci dit, non pour défendre Jouhaux qui lui, use de cet argument. « C'est vous, syndiqués, qui me demandiez d'aller dans les ministères ». Dans le parlement syndical, on est d'aussi mauvaise foi que dans tous les Parlements, car, si Jouhaux n'avait pas, au début de la guerre, accepté de banqueter en scellant l'Union sacrée, *les syndiqués n'auraient pas été devant le fait accompli, de ne plus faire d'action sous peine de mort.*

Les manitous socialistes demandent *sans honte !* un million — non pour les Révolutions — mais pour la foire électorale, en dehors des centaines de mille francs qu'ils obtiennent pour une statue et entretenir des journaux anti-communistes.

Nous, nous ne disposons pas de tant, hélas ! de quelques milliers de francs seulement.

N'ayant protégé aucun privilège, aucun monopole, n'ayant jamais accordé de concessions aux Houilllières, Comité de Forges, Minières pour qui l'on a fait la guerre ; n'ayant jamais casé ni embusqué aucun ami influent, ni parent dans les administrations et ministères socialistes surtout, n'ayant rien fait pour mâter les Révolutions nées du fait de la guerre, nous sommes pauvres. C'est pourquoi ne pouvant disposer que de quelques sous, contre les 25 millions environ, que les parlementaires vont sacrifier pour s'assurer l'assiette au beurre (millions qu'il nous faudra suer) nous ne disposerons que de quelques brochures de huit pages, pour notre propagande libératrice.

C'et pourquoi aussi, nous en resterons là, de nos arguments contre le socialisme électoral, qui se déshonore encore un peu plus, *en gaspillant tant d'argent et de temps précieux qui, dépensés au secours de la Révolution Russe, pourraient la sauver peut-être.*

L'argent que nous consacrons à combattre cette immoralité, est bien placé ; mais c'est avec le regret de constater qu'il nous faut faire de tels sacrifices, pour des individu qui n'ont pas pesé lourd dans les mains des Révolutionnaires Russes, Hongrois et de certains centres allemands. Aussi, en ce qui concerne la guerre, concluons : les députés socialistes sont pour leur part, et c'est déjà énorme, des fauteurs de la tuerie ; 14 millions de morts leur demandent des comptes. *D'autres morts : les nôtres, ouvriers des Révolutions et des mouvements pacifistes, sont à venger.*

Electeur ! ne te fais pas leur complice en votant pour eux.

Les députés socialistes sont fauteurs de la vie chère ; sont responsables de la faillite des lois ouvrières : accidents de travail, huit heures, etc., alors que les lois profitables aux riches sont intangibles et toujours impitoyables, inhumaines. *Les députés socialistes sont responsables des lois scélérates dont souffre tout spécialement le monde ouvrier* et responsables aussi des effroyables tortures que subissent 100.000 hommes qui souffrent dans les bagnes militaires, et, qu'un Longuet ne voudra pas amnistier, car la plupart, les plus énergiques, ceux qui ont déserté la tuerie, le Chemin des Dames ! n'ont pas le pardon, de ce grand pacifiste (?) (voir ses déclarations à la Chambre des députés).

Voter pour de tels hommes — ils sont tous semblables et pires souvent — c'est abandonner toute idée de justes représailles, de justice ; c'est plus qu'abdiquer, c'est un crime de trahison contre ceux qui, là-bas, souffrent et meurent parce qu'ils aimaient et ne voulaient pas être des bourreaux.

Voilà donc pour la guerre et pour une brochure de huit pages ; il faudrait un livre pour tout dire.

En temps de paix, combien de députés socialistes votent contre les autres profiteurs de la Mort : mastroquets, bouilleurs de cru et empoisonneurs de toutes catégories ?

43 députés seulement ont voté contre l'alcool et cependant les députés socialistes se comptent 100.

Un socialiste du Centre s'est élevé contre la **suppression** des casernes dans sa circonscription. Un autre, a **défendu** les courses de taureaux. Un *élu socialiste du Puy-de-Dôme a demandé des mesures contre les marchandises allemandes, qui entrent chez nous à trop bas prix !* Tartuffes qui parlez de vie chère !

Et qu'ont fait les élus socialistes contre la vague de cléricalisme, l'audace et l'autorité toujours grandissantes des Jésuites, eux qui accusent les antiparlementaires de faire le jeu de la Réaction ?

On voit une fédération de l'Est désavouer une de ses sections, qui avait voté un ordre du jour antireligieux. Et c'est en somme une attitude pour tout le Parti de ne pas faire ouvertement, officiellement, d'anticléricalisme, alors que c'est là tout le péril réactionnaire.

C'est vrai que prêtres et politiciens *sont les dévoués serviteurs de L'État et de la Propriété, tout le mal dont souffrent les hommes à quelque classe qu'ils appartiennent.*

Le rôle que la propriété réserve, assigne, à ces derniers, ce n'est pas de faire des lois ouvrières, ni des discours dont elle se moque, c'est de canaliser les colères, les haines du peuple, qui, hier, fournissait par son travail, 5 milliards d'impôt et qui, aujourd'hui, doit en payer 10 rien qu'à ceux qui ont profité de la guerre ! oui électeur ! il te faut produire pour dix milliards à ceux qui édifiaient une fortune à chaque vague de sang et de malheur, avant qu'un seul grain de blé te reste, sans compter 10 ou 15 autres milliards que parlementaires et fonctionnaires, leurs créatures, ont mission de dépenser pour l'organisation des forces qui te mâteront si tu ne marches pas, si tu ne craches pas ! *La Bourgeoisie t'a donné le bulletin de vote, tes députés lui donnent des milliards, tes enfants, des mitrailleuses.*

Electeur ! réfléchis. On dit le peuple trop ignorant pour se conduire et cependant il est reconnu capable de se choisir ceux qui devront le diriger !

Et ces élus, hommes cupides, incompétents, souvent ignorants, prétendent tout solutionner : agriculture, industrie, commerce, marine, finances, instruction publique, beaux-arts, législation, travaux publics et s'occuper aussi de la guerre, ainsi que du reste nous l'avons constaté, pour le plus grand malheur des peuples.

Electeur ! réfléchis que lorsque tu as nommé des députés, tu n'as rien fait.

Nommes-tu les sénateurs qui s'opposent aux votes de la Chambre ou qui enterrent les lois dans des cartons d'où elles ne reviennent jamais ? Nommes-tu les ministres qui posent la question de confiance, seraient-ils socialistes ? Nommes-tu le Président de la République qui dissout les Parlements et peut se refuser à l'application des lois ? Nommes-tu le Conseil d'Etat dont tu connais le rôle néfaste ?

Nommes-tu les juges qui sont les pires illégaux ?

Nommes-tu les préfets et les maires qui appliquent la loi suivant l'intérêt des candidats officiels et des riches en général ?

Nommes-tu les huissiers, les policiers, les mouchards, les gendarmes et tous les bureaucrates, parasites, créatures et paravent de tes députés, chargés d'appliquer les lois et qui les interprètent selon leur bon plaisir ou le *prix qu'on y met ? Alors ?...*

A quoi te sert d'envoyer un bon propagandiste socialiste, ou bon militant syndicaliste, un bon éducateur dans une telle galère ?

Ah ! si les chefs socialistes n'étaient que seulement socialistes et s'ils ne se servaient pas d'un bel idéal comme étiquette pour couvrir l'infâme camelote électorale et disposer de notre liberté, de notre vie en votant, nous n'aurions pas à leur causer cette souffrance de les faire démériter à tes yeux !

Aussi, électeur, ne les écoute pas lorsqu'ils prétendent te faire épouser leur système, qui consiste à matérialiser un idéal socialiste surtout, dans la personne d'un député.

Un idéal est au-dessus de tous les hommes, qui, féroces arrivistes, ou simplement faillibles, avilissent cet idéal.

Ton idéal est en toi, *un homme ne peut représenter que lui-même* et les Soviets, les Conseils d'ouvriers syndiqués ont cela de supérieur : qu'ils répudient le parlementarisme et qu'ils ne placent pas à la base de leur système le citoyen, cette abstraction, *mais le producteur qui est tout, qui est la réalité.*

Les soviets sont élus pour trois mois, peuvent à tout moment être remplacés ; les mandataires sont des producteurs et restent responsables des dispositions qu'ils votent.

Les parlementaires français, eux, se désintéressent de l'application de leurs lois et c'est le fonctionnarisme bureaucratique qui reste le maître ; il ne reste plus au député qu'à se décharger sur lui. *Comédie ! Situation intolérable ! Système périmé !*

En France, le système des Conseils d'ouvriers syndiqués, qui semble s'établir avec quelque succès, ne prévoit aucune forme parlementaire même soviétique. Au lieu que ce soit la commune qui soit la cellule sociale, c'est l'atelier, pour n'être au plus tôt que l'individu. Les Conseils apprennent au peuple ouvrier, en plein capitalisme, sous la direction des techniciens affiliés à la C. G. T., à prendre toutes ses responsabilités révolutionnaires. Ne traitant pas avec le patronat, les C. O. S. ont un rôle d'éducation révolutionnaire technique. Ils s'organisent dans leurs ateliers magasins, exploitations agricoles, écoles communistes, etc., etc.; pour assurer la vie au lendemain d'une transformation sociale opérée par le peuple ouvrier et ayant le communisme comme but ; en laissant aux organes d'action communiste, le soin d'organiser la propagande communiste, et tout ce qui est propre à leur action (1).

Pour nous, antiparlementaires, notre idéal c'est *le communisme intégral dont la Fédération anarchiste se réclame.*

Après cet exposé malheureusement succinct, des systèmes reconstructeurs, vois, électeur, nous n'avons pas pensé qu'à démolir et nous t'avons fait voir que nous avons conscience des destinées d'un peuple travailleur et de la vérité aussi.

Nous n'avons pas fait besogne pour les réactionnaires, eux qui s'affichent antiparlementaires quelquefois, mais... qui ne s'attaquent pas au Sénat ni à toutes les institutions coercitives que nécessite *le parasitisme dont ils vivent.*

Quant aux députés radicaux et autres catégories, lorsque nous avons dit plus haut ce que nous pensons des députés socialistes « bouffé galette » nous avons fait le procès de tous les parlementaires.

Du reste, *Blanqui,* dans « La Patrie en danger » de novembre 1870, nous fixe sur l'attitude de tous les parlementaires, de quelque étiquette qu'ils se réclament, dans ces paroles mémorables :

« Le XIXe siècle a fait passer sous les yeux de L'Histoire une longue série de ces parlements, rendez-vous des cupidités, des bassesses, des servilités, qui grouillent aux pied de toutes les puissances.

« Lorsque l'un d'eux, par hasard, entre en lutte sérieuse « contre le pouvoir, les événements issus de cet antago-« nisme ne tardent pas à dévoiler les petitesses cachées « sous cette apparence de grandeur. Je ne vous parle pas de ces nobles âmes égarées au milieu de cette tourbe, elles « ne peuvent qu'assister impuissantes, à cet odieux spectacle ».

Electeur, après de telles vérités, on te dira « vote bien, vote rouge ! là est le secret de ton bonheur ! Tu n'as que les députés que tu mérites ! »

Cela n'est pas vrai, car il n'y a pas, selon un Blanqui et selon notre raison, deux façons d'être député, il n'y en a qu'une seule, *toujours néfaste pour nous producteurs.*

Il n'y a pas deux façons d'être ministre, les Kerensky, les Vanderwelde, les Thomas, les Guesde, les David, les Scheidmann, les Noske et autres travaillistes anglais nous l'ont prouvé pendant et après la guerre. Ils sont députés et ministres, partie intégrante du système capitaliste, et rien autre chose.

Electeur ! tu n'as que ce que tu arraches et pour cela, sois libre, ne vote pas. Voici entre cent exemples quelques faits récents qui te le prouveront.

Une grande fédération de la marine menaçant de se join-

---

(1) Nous ne faisons pas de réclame, nous exposons par souci de vérité et cela d'après les déclarations de ces organismes : Soviets et C. O. S.

dre au mouvement révolutionnaire des métallurgistes de juin 1919, enlève la loi de huit heures en quelques heures. Les mineurs font la même menace et font marcher les girouettes parlementaires, qui votent une loi, se déjugent, et remettent leur loi debout en quelques jours. C'est par l'action que tout s'obtient avec *des députés de n'importe quelle couleur et même sans députés.* Avec beaucoup de députés, même socialistes, la servitude existe toujours, même avec des syndicats à gros effectifs.

En ne votant pas c'est réserver son action, c'est disposer de sa liberté. *Voter ce n'est pas lutter, c'est abdiquer !* Voter, c'est aussi disposer de la vie d'autrui, la guerre en est une preuve. Les lois, en sont une autre, celui qui vote par bêtise par cupidité, par intérêt, enchaîne les hommes libres.

Electeurs, ouvriers et paysans, sachez que les producteurs électeurs, sont 42 contre 1 bourgeois. Si vous ne votiez pas, que feraient-ils ?

Rappelle-toi, vieil électeur, que c'est ton bulletin de vote qui a disposé de la vie de 14 millions de jeunes qui n'étaient nullement responsables du régime misérable qui a décrété la guerre *et que tu as composé de toute pièce ;* ne commets plus un tel crime et *empêche qu'on le commette.*

Vous, femmes, qui nous lirez et nous comprendrez, vous, qui avez tant souffert dans vos affections dernières, de sœurs, d'amantes, de femmes de tués, de mutilés, d'aveugles de la guerre, empêchez que l'on vote !

Plus qu'un mot.

Les coquins qui se présentent à ton suffrage, électeur paysan, électeur ouvrier, *ont glissé entre vous des raisons menteuses de haine et de méfiance* qu'ils exploitent pour pêcher en eau trouble. Sachez que l'ouvrier sait que l'élévation de salaire *est un cercle vicieux, une arme dangereuse contre lui,* c'est pourquoi toutes les grèves prennent une attitude de revendication morale et tournent souvent en manifestations révolutionnaires.

Quant à toi, paysan, nous savons très bien, nous ouvriers, *que tu n'es pas la personnification de la vie chère,* mais que ce sont les accapareurs, mandataires, intermédiaires, gros propriétaires, châtelains fainéants, rentiers cupides, tous parasites devant lesquels *les députés sont à plat ventre,* lorsqu'ils ne sont pas eux-mêmes de vulgaires affameurs ou d'éternels tripoteurs. *Ouvriers et paysans travailleurs intellectuels, vous êtes la vérité, la force, et rien ne doit vous séparer, pas même les individus qui exploitent ces haines entre vous, pour le profit du Capital roi qui a droit de vie et de mort sur vous.*

NE VOTEZ PLUS. SACHEZ QUE, SEULE, LA RÉVOLUTION VOUS AFFRANCHIRA !

LE BUREAU DE PROPAGANDE ANTIPARLEMENTAIRE.

LECTEUR,

Si tu as compris cette brochure, si tu veux la propager, apprends qu'une série de quatre brochures se composant :

1° *Électeur, écoute*, par Sébastien FAURE ;
2° *La Grève des Électeurs*, par O. MIRBEAU ;
3° *Absurdité de la Politique* ;
4° *Électeur, ne vote pas !*

a été éditée par le bureau Anti-Parlementaire au nombre de **200.000 exemplaires** pour être distribuées gratuitement. Tu peux coopérer à notre œuvre en t'adressant au bureau A. P., *69, boulevard de Belleville*.

Adresser Mandats au nom de BIDAULT
Prix de ces brochures : **2** fr. **75** le cent franco ou **25** fr. le mille.

 Imprimerie Populaire " LA FRATERNELLE ", 55, rue Pixérécourt, Paris (20.)

BUREAU ANTI-PARLEMENTAIRE 1919

Groupe de Propagande par la Brochure à distribuer

ÉLECTEUR, ÉCOUTE

Chaque fois que les pouvoirs de la Chambre des Députés arrivent à expiration, c'est un cri unanime : « Enfin ! Elle va « donc disparaître, cette Chambre infâme ! Le pays va donc « être débarrassé de ce Parlement maudit ! »

Ce langage traduit expressément les sentiments successifs : déception, lassitude, écœurement qu'ont fait naître, dans l'esprit public, au cours de la législature qui prend fin, l'incapacité, la corruption, l'incohérence et la lâcheté des Parlementaires.

Pourquoi faut-il que l'engouement irréfléchi du populaire, son ignorance et son inobservation le poussent à espérer que la Chambre qui va naître vaudra mieux que celle qui va mourir ?

Il est vraiment inconcevable que, périodiquement trompée, constamment abusée, la confiance de l'électeur survive aux déceptions dont il souffre et dont il se lamente ; et, pour l'être raisonnable et pensant, c'est une stupeur que de constater que les législatures se succèdent, chacune laissant derrière elle le même désenchantement, la même réprobation et que, néanmoins l'électeur persiste à considérer comme un devoir de voter.

La période électorale s'ouvre, elle est ouverte. C'est la crise qui, périodiquement, convulsionne la multitude. Elle dure officiellement quelques semaines et, si l'on tient compte de l'effervescence qui précède et du bouillonnement qui suit cette crise, on peut dire qu'elle dure trois mois.

Trois mois durant lesquels, peuplé d'agités, le pays semble frappé de démence : candidats, comités et courtiers électoraux, tour à tour confiants dans le succès ou désespérant d'y atteindre, vont et viennent, avancent et reculent, crient et se taisent, affirment et nient, implorent et menacent, acquiescent et protestent, attaquent et se défendent.

C'est un spectacle fou : drame, comédie, vaudeville, bouffonnerie, farce, pantomime, tous les genres, du tragique au burlesque, s'y donnent rendez-vous et s'y rencontrent, associés, confondus.

Le malheur est que c'est aux frais du spectateur que la farce se joue et que, quels que soient les acteurs, c'est toujours lui qui paie, et qu'il paie de son travail, de sa liberté, de son sang.

Eh bien ! électeur, avant de passer au guichet pour solder ta place, écoute-moi.

Ou plutôt écoute ce que te disent les anarchistes ; écoute attentivement et réfléchis.

Voter, c'est accepter la Servitude.

Les anarchistes n'ont jamais eu de représentant siégeant dans les assemblées parlementaires. Tu as parfois entendu traiter d'anarchistes MM. Clemenceau, Briand et d'autres parlementaires. Ils ne le sont pas ; ils ne l'ont jamais été.

Les anarchistes n'ont pas de candidat. Au surplus un candidat qui se présenterait comme anarchiste n'aurait pas une seule voix, puisque les anarchistes s'abstiennent de voter.

Ils refusent de se servir du bulletin de vote que la Constitution met entre leurs mains.

Ne suppose pas que ce soit pour ne pas faire comme les autres, pour se singulariser. Sache que les raisons pour lesquelles les anarchites s'abstiennent sont multiples et graves.

Ces raisons, les voici brièvement exposées.

L'anarchiste est et veut rester un homme libre. Il est clair que, comme tous ses frères en humanité, il est astreint à subir la loi ; mais c'est à son corps défendant et quand il s'y soumet, ce n'est pas qu'il la respecte ni qu'il estime équitable de s'incliner devant elle ; c'est parce qu'il lui est impossible de s'y soustraire.

Toutefois, il n'en accepte ni l'origine, ni le caractère, ni les fins. Tout au contraire il en proclame et se fait fort d'en démontrer l'iniquité.

A ses yeux, la loi n'est, à ce moment de l'histoire que nous vivons, que la reconnaissance et la consécration d'un régime social issu des usurpations et des spoliations passées et basé sur la domination d'une caste et l'exploitation d'une classe.

Ce régime ne peut vivre et continuer qu'en empruntant son apparente et temporaire légitimité au consentement populaire.

Il est dans l'obligation de s'appuyer sur l'adhésion bénévole de ceux qui en sont les victimes : dans l'ordre politique, les citoyens ; dans l'ordre économique, les travailleurs.

C'est pourquoi, tous les quatre ans, le peuple est appelé à désigner par ses suffrages les individus à qui il entend confier le mandat de se prononcer sur toutes les questions que soulève l'existence même de la nation.

Ces questions sont réglées par un ensemble de prescriptions et de défenses qui ont force de loi et la loi dispose, contre quiconque tente d'agir contre elle et, à plus forte raison, contre quiconque la viole, d'une telle puissance de répression que tout geste de révolte par lequel un homme proteste contre l'injustice de la loi et tente de s'y dérober est passible des plus dures pénalités.

Or le Parlement est l'assemblée des individus à qui le suffrage dit universel a délégué le pouvoir d'édicter la loi et le devoir d'en assurer l'application. Le député et le sénateur sont avant tout des législateurs.

Comprends-tu, maintenant, électeur, l'exactitude de cette affirmation formulée par Elisée Reclus : « Voter, c'est se donner un maître ».

Eh oui ! Un maître ; puisque voter c'est désigner un député, c'est confier à un élu le mandat de formuler la règle, et lui attribuer le pouvoir, pis encore, lui imposer le devoir de la faire respecter par la force.

Un maître, puisque voter c'est renoncer à sa propre liberté et l'abdiquer en faveur de l'élu.

Toi qui votes, ne m'objecte pas que tu conserves quand même le droit de t'insurger. Mets-toi bien dans la tête que s'il t'arrive d'entrer en révolte contre l'Autorité, tu renies la signature que tu as donnée, tu violes l'engagement que tu as contracté, tu retires à ton représentant le mandat que tu lui as librement consenti.

Tu l'as envoyé au Parlement avec la mission précise d'y participer, d'y collaborer à la discussion, au vote, à la promulgation de la loi et de veiller à la scrupuleuse application de celle-ci.

C'est le Parlement qui a la charge de modifier ou d'abroger les lois ; par ton suffrage exprimé, tu as participé à la composition de ce parlement ; par ton vote, tu lui as donné pleins pouvoirs ; le parti auquel tu appartiens a des représentants au sein de cette assemblée ; le programme que tu as affirmé par ton bulletin a des porte-parole à la Chambre. Il leur appartient — tu l'as voulu — d'amender, de corriger ou d'abroger les lois qui entravent ton indépendance politique et consacrent ta servitude économique.

Enrage, proteste, indigne-toi, tu en as le droit. Mais c'est tout ce qu'il t'est permis de faire. Ne perds pas de vue que, en votant, tu as renoncé, *ipso facto*, à ton droit à la révolte, que tu as abdiqué en faveur des représentants de ton parti, que, pour tout dire en un mot, *tu as cessé d'être libre.*

Celui qui a compris cette élémentaire vérité : l'anarchiste, ne vote pas, parce qu'il veut être un homme libre, parce qu'il refuse d'enchaîner sa conscience, de ligoter sa volonté, parce qu'il entend garder, à tout instant et en toutes circonstances son droit à la révolte, à l'insurrection, à la révolution.

L'État, c'est l'ennemi !

Ecoute encore. En régime représentatif, le Parlement, c'est l'Etat.

Théoriquement, il n'en est qu'une partie ; car, en principe, il n'est nanti que du pouvoir législatif. Mais c'est le Parlement (Chambre et Sénat réunis) qui élit le Président de la République, entre les mains de qui est centralisé le pouvoir exécutif ; et si, théoriquement, c'est la Magistrature qui détient le pouvoir judiciaire, comme c'est le Parlement qui confectionne les lois et que le pouvoir judiciaire n'a que le mandat d'en appliquer les dispositions, on voit que, somme toute, directement ou indirectement, le Parlement est, en dernière analyse, omnipotent. C'est donc lui qui est l'Etat.

Or, l'Etat, disent les Anarchistes, c'est la prise de possession du Pouvoir par la classe dominante, au détriment de la classe dominée. C'est, actuellement, l'ensemble des institutions qui régissent la nation entre les mains des chargés d'affaires de la classe capitaliste et, plus spécialement de la haute finance, de la puissante industrie, du grand commerce et de la vaste propriété terrienne.

C'est la citadelle d'où partent les ordres qui courbent la multitude ; c'est la gigantesque forteresse où siège la force armée : troupe, gendarmerie, police, dont la fonction est de

— 4 —

persécuter, d'arrêter, d'emprisonner et, en cas de révolte collective, de massacrer qui s'insurge.

C'est le monstre qui, insatiablement, se repaît du sang et des os de tous ceux qui, par leur travail, alimentent un budget qui s'enfle démesurément.

L'Etat, c'est l'ennemi contre lequel il faut lutter, lutter encore, lutter toujours, jusqu'à ce qu'il soit définitivement abattu.

En démocratie, l'Etat se flatte d'être l'émanation du *Peuple souverain*. Les partisans du système représentatif affirment que, en démocratie, c'est le peuple qui, par ses représentants, gouverne ; ils déclarent que, déléguant ses pouvoirs aux hommes de son choix, ce sont ses aspirations, ses besoins et ses intérêts, qu'il affirme par ses mandataires.

Ces Messieurs mentent et ils le savent bien ; mais ils répètent inlassablement cette imposture, dans l'espoir — hélas ! trop fondé — qu'un mensonge quotidiennement répété finit par acquérir la force d'une indiscutable vérité.

Entre l'assertion mensongère de ces théoriciens du démocratisme, assertion que dément la simple observation des réalités, et les affirmations des anarchistes, affirmations que justifient l'histoire et l'expérience, j'espère, électeur, qu'il ne t'est pas malaisé de fixer ton choix.

Ce n'est pas seulement de l'Etat dans les civilisations antiques, de l'Etat au moyen âge, de l'Etat incarnant le Pouvoir personnel absolu, mais bien de l'Etat sans exception et, par conséquent de l'Etat démocratique comme des autres que M. Clemenceau, qui s'y connaît, a dit, au Sénat, il n'y a que quelques années :

« Messieurs, nous connaissons l'Etat ; nous savons ce qu'il « est et ce qu'il vaut. L'histoire de l'Etat est toute de sang « et de boue ! »

Il ne s'agit donc pas de s'emparer de l'Etat, mais de l'anéantir.

Introduire des représentants de son parti dans les Assemblées législatives, c'est y glisser une fraction de soi-même, c'est apporter à ces Assemblées l'appui de son parti ; c'est leur infuser un sang nouveau ; c'est consolider le crédit de ses Assemblées, c'est fortifier leur puissance ; c'est — puisque le Parlement et l'Etat ne font qu'un — servir la cause de l'Etat au lieu de la combattre ; c'est donc tourner le dos au but à atteindre ; c'est paralyser l'effort révolutionnaire ; c'est retarder la libération.

L'Etat est le gardien des fortunes acquises ; il est le défenseur des privilèges usurpés ; il est le rempart qui se dresse entre la minorité gouvernante et la foule gouvernée ; il est la digue haute et large qui met une poignée de millionnaires à l'abri des assauts que lui livre le flot tumultueux des spoliés.

Dès lors, il est naturel, logique et fatal que les détenteurs des privilèges et de la fortune votent avec entrain et conviction, qu'ils poussent avec ardeur aux urnes, qu'ils proclament que voter c'est accomplir un devoir sacré.

Mais déconcertante et insensée serait l'attitude de ceux qui, se proclamant en faveur d'un bouleversement social qui implique la disparition de l'Etat, ferait usage du bulletin de vote dont la conséquence serait, qu'on le veuille ou non, de légitimer les origines de l'Etat, de confirmer ses pouvoirs, de fortifier sa puissance et, par ricochet, de se faire le complice de ses forfaits.

De qui est composée la Chambre.

Electeur, aurais-tu la naïveté de croire que le Parlement rassemble l'élite de la nation ? Penses-tu que la Chambre réunit les gloires de la Science et de l'Art, les illustrations de la Pensée, les compétences de l'Industrie, du Commerce et de l'Agriculture, les probités (?) de la Finance ? Estimes-tu que le redoutable pouvoir de gouverner un peuple de quarante millions d'habitants est dévolu aux plus honnêtes et aux plus méritants ?

Si oui, détrompe-toi. Promène tes regards sur les travées de la Chambre et vois par quels gens elles sont occupées : avocats sans cause, médecins sans clientèle, commerçants douteux, industriels sans connaissances spéciales, journalistes sans talent, financiers sans scrupules, désœuvrés et riches sans occupations définies.

Tout ce monde intrigue, bavarde, marchande, agiote, fait des affaires, se démène, se bouscule et court à la recherche des plaisirs, de la richesse et des sinécures grassement rétribuées.

Cela t'étonne, électeur candide ? Une minute de réflexion dissipera la surprise. Demande-toi comment il se fait que X, Y ou Z soient députés.

Leur siège est-il la récompense des mérites manifestes, des actions d'éclat, du bien accompli, des services rendus, qui les ont recommandés à l'estime et à la confiance publiques ?

Est-il le salaire équitable des connaissances spéciales qu'ils ont acquises, des hautes études dont ils ont parcouru le cycle brillant, de l'expérience que leur vaut une existence toute de labeur ?

A-t-on exigé d'eux, comme des professeurs, des pharmaciens, des ingénieurs, des examens, des diplômes, l'admission dans certaines écoles, le stage réglementaire ?

Regarde : celui-ci doit son mandat à l'argent ; celui-là à l'intrigue ; ce troisième à la candidature officielle ; ce quatrième à l'appui d'un journal dont il a engraissé la caisse ; cet autre au vin, au cidre, à la bière ou à l'alcool dont il a empli le gosier de ses mandants ; ce vieux aux coquetteries complaisantes de sa jeune femme ; ce jeune aux promesses éblouissantes qu'il a prodiguées de palmes, de bureaux de tabacs, de places et de recommandations ; tous à des procédés plus ou moins louches qui n'ont aucun rapport avec le mérite ou le talent ; tous, de toutes façons, au nombre de suffrages qu'ils ont obtenus.

Et le nombre n'a rien à voir avec le mérite, le courage, la probité, le caractère, l'intelligence, le savoir, les services rendus, les actions d'éclat. La majorité des suffrages ne consacre ni la valeur morale, ni la supériorité intellectuelle, ni la Justice, ni la Raison.

On serait autorisé à dire que c'est plutôt le contraire.

Soyons justes : quelques hommes supérieurs se sont, de temps à autre, fourvoyés dans ces mauvais lieux ; mais c'est le très petit nombre ; ils n'ont pas tardé à s'y trouver dépaysés et mal à l'aise et, à moins qu'ils n'aient insensiblement condescendu à jouer leur rôle dans le choc des coteries, à s'inspirer des passions des partis, à tenir leur place dans les intrigues de couloir et à faire le jeu du gouvernement ou de l'opposition, ils ont été rapidement mis en quarantaine et réduits à l'impuissance.

Parlementarisme est synonyme d'incompétence,

d'irresponsabilité, d'impuissance, de corruption.

Au surplus, quel que soit l'homme, l'incompétence du parlementaire est une Fatalité.

Etant donné, d'une part, la complexité des rouages sociaux et, d'autre part, le développement des connaissances humaines, il n'est personne qui soit à même de faire face aux exigences du mandat législatif.

A notre époque, on ne peut être compétent qu'à la condition de se spécialiser. Nul ne peut tout connaître ; il n'y a pas de cerveau qui puisse tout embrasser.

Et pourtant, un député devrait être marin, guerrier, diplomate, juriste, hygiéniste, éducateur, commerçant, industriel, financier, agriculteur, administrateur, puisqu'il est appelé à formuler son sentiment et à se prononcer par un vote précis sur toutes les questions : marine, guerre, affaires étrangères, législation, santé publique, enseignement, commerce, industrie, finance, agriculture, administration, etc., etc., etc.

S'il connaît bien une ou deux de ces questions — et ce serait déjà beaucoup — il ignore certainement toutes les autres. Il en résulte que neuf fois sur dix, il vote à l'aveuglette, au doigt mouillé.

Parlement est donc synonyme d'incompétence.

Synonyme aussi d'irresponsabilité.

Ici, la démonstration n'est plus à faire. Dire que le Parlement est irresponsable, c'est une proposition devenue si évidente qu'elle a cessé d'être en discussion.

Synonyme encore d'impuissance ; car, obligé de se cantonner dans les limites étroites d'une Constitution politique et d'un régime économique déterminés, le Parlement est l'image exacte d'un lac entouré de montagnes qui peut, de temps à autre, être agité et même tempétueux, mais qui reste toujours enfermé dans le cadre que les hauteurs environnantes tracent autour de lui.

Les bouillantes colères, les explosions d'indignation, les enthousiasmes délirants, les serments solennels, les engagements sacrés ont tout juste, au Parlement, la valeur de ces agitations périodiques d'une vaste mare stagnante qui font remonter la vase à la surface et empuantent l'air, mais qui ne tardent pas à laisser retomber la boue et la puanteur dont la minuscule tempête a révélé l'accumulation dans les profondeurs.

Synonyme, enfin, de corruption. Les brigandages avérés et, plus encore, les scandales à demi étouffés ont fixé l'opinion à tel point qu'il est banal de dire d'un Parlement qu'il est *pourri !*

Les meilleurs se putréfient en un tel milieu, à moins qu'ils n'en sortent à temps et le plus vilain tour qu'on puisse jouer à un ami, c'est de l'y envoyer.

Aussi, électeur, si tu as un bon camarade, garde-toi de l'inciter à être candidat ; s'il le devient, garde-toi de favoriser sa candidature et, si tu veux conserver aux idées qui sont les tiennes et qu'il prétend vouloir défendre à la Chambre, un caractère, une intelligence, un dévouement, refuse-lui ton suffrage.

Voter, c'est faire le jeu de la Réaction.

Electeur, un mot encore ; ce sera le dernier.

On ne manquera pas de te dire que ne pas voter, c'est faire le jeu de la réaction.

Rien n'est plus faux. Je pourrais te faire observer que si les deux millions de travailleurs qui adhèrent à la C. G. T., si le million d'électeurs dont s'enorgueillit le Parti socialiste, si le milion d'autres citoyens qui, sans être affiliés au Parti socialiste ou à la C. G. T. n'en sont pas moins les adversaires du régime capitaliste : en tout, quatre millions d'électeurs, refusaient hautement de prendre part au scrutin, cette abstention ouvertement annoncée et expliquée durant toute la période électorale et vaillamment pratiquée le jour du scrutin, porterait un coup mortel au prestige et à l'autorité du régime qu'il faut abattre. Je pourrais te dire que, en face de l'attitude de ces quatre millions d'abstentionnistes aussi conscients que résolus, le Gouvernement perdrait tout son lustre et le plus clair de sa force.

Je pourrais te dire que, étroitement unis dans une réprobation aussi catégorique du système social actuel, ces quatre millions d'hommes pourraient organiser, dans le pays, grâce aux ramifications qu'ils possèdent partout, une formidable coalition contre laquelle rien ne saurait prévaloir. Je pourrais affirmer que cette coalition dans laquelle ne tarderaient pas à entrer tous ceux que toucherait une aussi puissante propagande et même une partie des forces dont le Gouvernement dispose, serait de taille à oser, à entreprendre et à réaliser les plus vastes desseins et la transformation la plus profonde

Que resterait-il, alors, du spectre de la réaction qu'on agite devant toi pour te pousser aux urnes ?...

Mais voici qui te paraîtra sans doute plus décisif encore.

La Chambre qui s'en va comptait en nombre imposant des éléments de gauche. Plus de trois cents députés radicaux et radicaux socialistes, plus de cent députés socialistes. Ils constituaient indubitablement une majorité écrasante.

Qu'a fait cette Chambre ? Qu'ont fait ces quatre cents Députés ?

Ils ont acclamé la guerre, ils ont adhéré avec enthousiasme à l'abominable duperie qu'on a appelée « l'Union Sacrée » ; ils ont voté tous les crédits de guerre ; ils ont apporté au Gouvernement dit « de défense nationale » leur étroite et constante collaboration ; ils n'ont rien tenté pour abréger le massacre ; ils n'ont pris aucune mesure efficace contre la vie chère, contre l'accaparement, contre la spéculation, contre l'enrichissement scandaleux des brasseurs d'affaires ; ils ont accepté passivement la suppression de nos maigres libertés ; ils ont applaudi à l'écrasement de la révolution hongroise ;

ils ont approuvé l'envoi des soldats, des marins, des munitions et des milliards destinés à étouffer, par la famine et par les armes, la Russie révolutionnaire ; ils ont lâchement courbé la tête, tout accepté, tout subi ; ils ont passé l'éponge sur toutes les turpitudes et sur tous les crimes.

Ils sont allés jusqu'au bout de la servilité, de la honte et de la sauvagerie.

A peine ont-ils osé ouvrir la bouche et, quand ils ont parlé, ce ne fut jamais pour faire entendre les vérités qu'il fallait dire, les imprécations sanglantes et les malédictions vengeresses qui auraient opposé la douleur des deuils, la souffrance des ruines et l'horreur des batailles à la stérilité des sacrifices et à la hideur des Impérialismes déchaînés.

Au terme de sa carrière, cette Chambre odieuse vient de ratifier un traité de paix qui laisse debout, plus insolents et plus guerriers que jamais tous les militarismes, qui favorise les plus atroces brigandages, qui stimule les plus détestables convoitises, qui avive les haines entre peuples et qui porte dans ses flancs la guerre de demain.

Voilà ce qu'a fait cette Chambre dont la naissance avait pourtant suscité les plus folles espérances et provoqué tous les optimismes.

ET MAINTENANT, ÉLECTEUR, VOTE ENCORE SI TU L'OSES.

Sébastien FAURE.

LECTEUR,

Si tu as compris cette brochure, si tu veux la propager, apprends qu'une série de quatre brochures : *1º Electeur, écoute*, par Sébastien FAURE ; *2º La Grève des Electeurs*, par O. MIRBEAU ; *3º Absurdité de la Politique* ; *4º Electeur, ne vote pas !* a été édidée par le bureau Anti-Parlementaire au nombre de **200.000 exemplaires** pour être distribuées gratuitement. Tu peux coopérer à notre œuvre en adressant mandats au nom de BIDAULT, 69, Bd de Belleville, Paris (11e). Prix de ces brochures : **2 fr. 75** le cent franco ou **25 francs** le mille.

LISEZ TOUS LES SAMEDIS # LE LIBERTAIRE

ACHETEZ tous vos VOLUMES & BROCHURES

A LA

LIBRAIRIE SOCIALE

69, Bould de Belleville, 69 - PARIS (11e)

(Les mandats doivent être adressés au nom de BIDAULT)

*Groupe de Propagande par la Brochure
à distribuer*

LA
GRÈVE DES ÉLECTEURS

PAR

OCTAVE MIRBEAU

EN VENTE à la " LIBRAIRIE SOCIALE "
69, Bould de Belleville, PARIS (XIᵉ)

LA GRÈVE DES ÉLECTEURS

Une chose m'étonne prodigieusement — j'oserai dire qu'elle me stupéfie — c'est qu'à l'heure scientifique où j'écris, après les innombrables expériences, après les scandales journaliers, il puisse exister encore dans notre chère France (comme ils disent à la Commission du budget) un électeur, un seul électeur, cet animal irrationnel, inorganique, hallucinant, qui consente à se déranger de ses affaires, de ses rêves ou de ses plaisirs, pour voter en faveur de quelqu'un ou de quelque chose. Quand on réfléchit un seul instant, ce surprenant phénomène n'est-il pas fait pour dérouter les philosophies les plus subtiles et confondre la raison? Où est-il le Balzac qui nous donnera la physiologie de l'électeur moderne ? Et le Charcot qui nous expliquera l'anatomie et les mentalités de cet incurable dément ? Nous l'attendons.

Je comprends qu'un escroc trouve toujours des actionnaires, la Censure des défenseurs, l'Opéra-Comique des dilettanti, le *Constitutionnel* des abonnés, M. Carnot des peintres qui célèbrent sa triomphale et rigide entrée dans une cité languedocienne ; je comprends M. Chantavoine s'obstinant à chercher des rimes; je comprends tout. Mais qu'un député, ou un sénateur, ou un président de République, ou n'importe lequel, parmi tous les étranges farceurs qui réclament une fonction élective, quelle qu'elle soit, trouve un électeur, c'est-à-dire l'être irrêvé, le martyr improbable, qui vous nourrit de son pain, vous vêt de sa laine, vous engraisse de sa chair, vous enrichit de son argent, avec la seule perspective de recevoir, en échange de ces prodigalités, des coups de trique sur la nuque, des coups de pied au derrière, quand ce n'est pas des coups de fusil dans la poitrine, en vérité, cela dépasse les notions déjà pas mal pessimistes que je m'étais faites jusqu'ici de la sottise humaine, en général, et de la sottise française en particulier, notre chère et immortelle sottise, ô chauvin !

Il est bien entendu que je parle ici de l'électeur averti, convaincu, de l'électeur théoricien, de celui qui s'imagine, le pauvre diable, faire acte de citoyen libre, étaler sa souveraineté, exprimer ses opinions, imposer — ô folie admirable et déconcertante — des programmes politiques et des revendications sociales; et non point de l'électeur « qui la connaît » et qui s'en moque, de celui qui ne voit dans « les résultats de sa toute-puissance » qu'une rigolade à la charcuterie monarchiste, ou une ribote au vin républicain. Sa souveraineté à celui-là, c'est de se pocharder aux frais du suffrage universel. Il est dans le vrai, car cela seul lui importe, et il n'a cure du reste. Il sait ce qu'il fait. Mais les autres ?

Ah ! oui, les autres ! Les sérieux, les austères, les *peuple souverain,* ceux-là qui sentent une ivresse les gagner lorsqu'ils se regardent et se disent: « Je suis électeur! Rien ne se fait que par moi. Je suis la base de la société moderne. Par ma volonté, Floquet fait des lois auxquelles sont astreints trente-six millions d'hommes, et Baudry d'Asson aussi et Pierre Alype également ». Comment y en a-t-il encore de cet acabit ? Comment, si entêtés, si orgueilleux, si paradoxaux qu'ils soient, n'ont-ils pas été, depuis longtemps, découragés et honteux de leur œuvre ? Comment peut-il arriver qu'il se rencontre quelque part, même dans le fond des landes perdues de la Bretagne, même dans les inaccessibles cavernes des Cévennes et des Pyrénées, un bonhomme assez stupide, assez déraisonnable, assez aveugle à ce qui se voit, assez sourd à ce qui se dit, pour voter bleu, blanc ou rouge, sans que rien l'y oblige, sans qu'on le paye ou sans qu'on le saoûle ?

A quel sentiment baroque, à quelle mystérieuse suggestion peut bien obéir ce bipède pensant, doué d'une volonté, à ce qu'on prétend, et qui s'en va, fier de son droit, assuré qu'il acomplit un devoir, déposer dans une boîte électorale quelconque un quelconque bulletin, peu importe le nom qu'il ait écrit dessus ?... Qu'est-ce qu'il doit bien se dire, en dedans de soi, qui justifie ou seulement qui explique cet acte extravagant ? Qu'est-ce qu'il espère ? Car enfin, pour consentir à se donner des maîtres avides qui le grugent et qui l'assomment, il faut qu'il se dise et qu'il espère quelque chose d'extraordinaire que nous ne soupçonnons pas. Il faut que, par de puissantes déviations cérébrales, les idées de député correspondent en lui à des idées de science, de justice, de dévouement, de travail et de probité; il faut que dans les noms seuls de Barbe et de Baïhaut, non moins que dans ceux de Rouvier et de Wilson, il découvre une magie spéciale et qu'il voie, au travers d'un mirage, fleurir et s'épanouir dans Vergoin et dans Hubbard des promesses de bonheur futur et de soulagement immédiat. Et c'est cela qui est véritablement effrayant. Rien ne lui sert de leçon, ni les comédies les plus burlesques, ni les plus sinistres tragédies.

Voilà pourtant de longs siècles que le monde dure, que les sociétés se déroulent et se succèdent, pareilles les unes aux autres, qu'un fait unique domine toutes les histoires : la protection aux grands, l'écrasement aux petits. Il ne peut arriver à comprendre qu'il n'a qu'une raison d'être historique, c'est de payer pour un tas de choses dont il ne jouira jamais, et de mourir pour des combinaisons politiques qui ne le regardent point.

Que lui importe que ce soit Pierre ou Jean qui lui demande son argent et qui lui prenne la vie, puisqu'il est obligé de se dépouiller de l'un, et de donner l'autre? Eh bien!

non. Entre ses voleurs et ses bourreaux, il a des préférences, et il vote pour les plus rapaces et les plus féroces. Il a voté hier, il votera demain, il votera toujours. Les moutons vont à l'abattoir. Ils ne se disent rien, eux, et ils n'espèrent rien. Mais du moins ils ne votent pas pour le boucher qui les tuera, et pour le bourgeois qui les mangera. Plus bête que les bêtes, plus moutonnier que les moutons, l'électeur nomme son boucher et choisit son bourgeois. Il a fait des Révolutions pour conquérir ce droit.

O bon électeur, inexprimable imbécile, pauvre hère, si, au lieu de te laiser prendre aux rengaines absurdes que te débitent, chaque matin, pour deux sous, les journaux grands ou petits, bleus ou noirs, blancs ou rouges, et qui sont payés pour avoir ta peau; si, au lieu de croire aux chimériques flatteries dont on caresse ta vanité, dont on entoure ta lamentable souveraineté en guenilles, si, au lieu de t'arrêter, éternel badaud, devant les lourdes duperies des programmes ; si tu lisais parfois, au coin de ton feu, Schopenhauer et Max Nordau, deux philosophes qui en savent long sur tes maîtres et sur toi, peut-être apprendrais-tu des choses étonnantes et utiles. Peut-être aussi, après les avoir lus, serais-tu moins empressé à revêtir ton air grave et ta belle redingote, à courir ensuite vers les urnes homicides où, quelque nom que tu mettes, tu mets d'avance le nom de ton plus mortel ennemi. Ils te diraient, en connaisseurs d'humanité, que la politique est un abominable mensonge, que tout y est à l'envers du bon sens, de la justice et du droit, et que tu n'as rien à y voir, toi dont le compte est réglé au grand livre des destinées humaines.

Rêve après cela, si tu veux, des paradis de lumières et de parfums, des fraternités impossibles, des bonheurs irréels. C'est bon de rêver, et cela calme la souffrance. Mais ne mêle jamais l'homme à ton rêve, car là où est l'homme, là sont la douleur, la haine et le meurtre. Surtout, souviens-toi que l'homme qui sollicite tes suffrages est, de ce fait, un malhonnête homme, parce qu'en échange de la situation et de la fortune où tu le pousses, il te promet un tas de choses merveilleuses qu'il ne te donnera pas et qu'il n'est pas, d'ailleurs, en son pouvoir de te donner. L'homme que tu élèves ne représente ni ta misère, ni tes aspirations, ni rien de toi; il ne représente que ses propres passions et ses propres intérêts, lesquels sont contraires aux tiens. Pour te réconforter et ranimer des espérances qui seraient vite déçues, ne va pas t'imaginer que le spectacle navrant auquel tu assistes aujourd'hui est particulier à une époque ou à un régime, et que cela passera. Toutes les époques se valent, et aussi tous les régimes, c'est-à-dire qu'ils ne valent rien. Donc, rentre chez toi, bonhomme, et fais la grève du suffrage universel. Tu n'as rien à y perdre, je t'en réponds; et cela pourra t'amuser quelque temps. Sur le seuil de ta porte, fermée aux quémandeurs d'aumônes politiques, tu regarderas défiler la bagarre, en fumant silencieusement ta pipe.

Et s'il existe, en un endroit ignoré, un honnête homme capable de te gouverner et de t'aimer, ne le regrette pas. Il serait trop jaloux de sa dignité pour se mêler à la lutte fangeuse des partis, trop fier pour tenir de toi un mandat que tu n'accordes jamais qu'à l'audace cynique, à l'insulte et au mensonge.

Je te l'ai dit, bonhomme, rentre chez toi et fais la grève.

(1888)   Octave MIRBEAU.

PRÉLUDE

Et je songe, avec une joie sadique et une très nationale fierté, que, dans quelques jours, sera ouverte la période électorale. On peut même affirmer qu'elle l'est déjà, qu'elle l'a toujours été et qu'étant donnés nos mœurs parlementaires et nos goûts politiques, qui sont de nous mépriser les uns et les autres, cela ne changera rien à nos habitudes et à nos plaisirs. Mais ce qu'il est impossible de prévoir, c'est sa fin, et si jamais elle aura une fin. Dieu veuille que non !

On ne pourra faire un pas dans la vie sans être sollicités, accaparés, enthousiasmés par des distractions puissantes et variées, où le plaisir des yeux se mêlera aux joies de l'esprit, sans voir étalées sur les murs, sur les troncs d'arbre, sur les barrières des champs et les poteaux indicateurs des traverses, l'infinie sottise, l'infinie malpropreté de la politique. Chaque maison sera transformée en club; il y aura sur chaque place publique des meetings hurleurs ; en haut de chaque borne, de bizarres personnages, vomis d'on ne sait quels mystérieux coffres-forts, arrachés à l'obscurité gluante d'on ne sait quelles cavernes journalistiques, gesticuleront, brailleront, aboieront, et, les yeux injectés de sang, la gueule écumante et tordue, nous promettront le bonheur. De Brest à Menton, de Saint-Jean-de-Luz à Valenciennes, tous, pour nous rendre heureux, s'accuseront de vol, de viol, d'assassinat; ils se jetteront à la tête l'inceste, l'espionnage, la trahison, l'adultère de leurs femmes, l'argent de leurs maîtresses; ils agiteront des draps de lit, des registres d'écrou, des bonnets de forçat, l'infamie des greffes, des bureaux de police, des cellules et des préaux. La France toute entière va devenir une immense latrine où les ventres ignominieux, publiquement, déverseront le flot empesté de leurs déjections. On va marcher dans l'ordure, enlizés jusqu'au cou. Et nous nous réjouissons de cette posture.

Oui ! le merveilleux peuple que nous sommes ! Et combien nous avons raison, grisés de notre propre honte, de résister aux dégoutants principes du pessimisme ! Car tous ces gens-là sont d'inébranlables optimistes, d'extraordinaires bienfaiteurs. Malgré la diversité des dieux qu'ils servent, ils croient à l'âme immortelle. Et que veulent-ils ? Ce que voulait Vincent de Paul et ce que voulait Marat : nous apporter le bonheur et de l'être quadruplement, par Boulanger, Ferry, Orléans et Napoléon. Par Boulanger surtout qui non seulement nous promet le bonheur mais qui nous l'impose. Oh ! celui-là ne plaisante pas avec le bonheur. Il y ajoute même, par excès de magnificence, la richesse et l'honnêteté. Du bonheur, de la richesse et de l'honnêteté, il en a plein la main, pour tout le monde. Et encore lui en reste-t-il, dont il ne sait que faire.

— Est-ce que je ne suis pas heureux ?... Regardez... J'ai un hôtel superbe, huit chevaux dans mes écuries, une chère exquise, de l'or plein mes coffres. Et je dîne avec des lords milliardaires. Et toutes les femmes sont folles de ma barbe. Or, il n'y a pas si longtemps, je n'avais rien de tout cela... Eh bien! ce que j'ai fait pour moi, je puis le faire pour vous, pour vous tous... Approchez... Qui veut du bonheur? Qui veut de la richesse ? Qui veut de l'honnêteté ?... Des chevaux, des femmes, des hôtels ? Vous n'avez qu'à parler... Et je ne les vends pas... je les donne... Ça ne coûte rien... Voilà !... Qui veut du bonheur ?...

Et je vois le désappointement du pauvre diable d'électeur qui, la figure joyeuse et claquant de la langue, viendra, plus tard, réclamer son dû.

— Que viens-tu faire ici ?

— Je viens chercher le bonheur que vous m'aviez promis.

— Le bonheur! Tiens, le voilà!... Prends-le, prends tout... Une bonne capote qui te coupera les aisselles, un bon sac qui te rompra le dos, un bon fusil... Et va te faire crever là-bas... pour ma gloire, et, ô suprême ironie !... pour la gloire de Mermeix.. Est-tu content ?

Et il ira, l'électeur, il ira, sans se dire que cette capote, c'est lui qui se l'est taillée; ce fusil, c'est lui qui se l'est forgé; cette mort, c'est lui qui l'a signée, en votant pour l'homme magique qui devait le rendre heureux, riche et honnête. Il se dira seulement :

— Jamais je n'aurais cru que le bonheur fût tel... J'aimerais mieux être malheureux...

D'ailleurs le bonheur dont il se plaint, et que tous les gouvernements lui apportent, pareil c'est lui seul qui l'a fait, toujours. Il a fait la Révolution française et, phénomène inexplicable, en dépit de cent années d'expériences douloureuses et vaines, il la célèbre! Il la célèbre cette Révolution qui n'a même pas été une révolution, un affranchis-

-sement, mais un déplacement des privilèges, une saute de l'oppression sociale des mains des nobles aux mains bourgeoises et, partant, plus féroces des banquiers; cette révolution qui a créé l'inexorable société capitaliste où il étouffe aujourd'hui, et le code moderne qui lui met des menottes aux poignets, un bâillon dans la gorge, un boulet aux chevilles. Il en est fier, et toute sa vie, à travers les monarchies et les républiques, se passe à changer de menottes, de bâillons et de boulets, chimérique opération qui lui arrache ce cri d'orgueil :

— Ah ! si je n'avais pas fait Quatre-vingt-neuf, où donc en serais-je ? Je n'aurais peut-être pas Boulanger !

Pour me donner une idée approximative de ce que vont être ces élections, je n'ai qu'à me souvenir de certaines fêtes religieuses de Bretagne, les jours de grand pardon. Souvenirs délicieux ! Chères évocations de la beauté humaine qu'il me suffira de transporter du physique au moral, pour avoir la représentation nette, impartiale et glorieuse de tous les partis qui vont mendier tes suffrages, éternel constructeur, toujours battu, de la fortune des autres, ô triple électeur que tu es !

Autour de Sainte-Anne-d'Auray, sur les routes qui traversent le saint village et les sentes qui y aboutissent, les mendiants, les estropiés, les monstres font aux pèlerins une double haie d'épouvante et d'horreur. D'où viennent-ils ? De quelle morgue ? de quel enfer ? de quels germes atroces sont-ils donc sortis? Je n'en sais rien. Hurlant et tordus, les uns rampant sur le sol, avec des grouillements vermiculaires ; les autres, brandissant entre leurs guenilles poissées de sanie, des membres tronqués, mutilés; tous, la face convulsée, troués de gangrènes immondes, ils montrent, non sans coquetterie, des plaies qui n'ont pas de nom, même dans les léproseries de l'Orient; ils étalent, avec une fierté visible, des difformités paradoxales, pleines d'hallucination et de cauchemar. On les voit avivant, avec un bel orgueil, leurs chairs rongées, putréfiées, pressurant de leurs moignons, de façon ostentatoire, des tumeurs hideuses, d'où le pus jaillit. Et c'est à qui de ces misérables — vivantes pourritures — sera le plus repoussant, exhalera la plus insupportable puanteur.

Par un étrange oubli — et peut-être par une haine consciente — de l'Humanité qui les a vomis, ils mettent une sorte d'amour-propre, un point d'honneur, une vanité à ne plus conserver rien d'intact, par où se reconnaît en eux qu'ils ont été des hommes. Et quels foudroyants mépris pour les camarades dont les membres gardent encore, de-ci, delà, des vestiges de formes humaines, dont les chairs accusent, parmi les coupures et les boursouflements, des parties inattaquées ! Quelles jalousies, entre eux, pour un polype rare, un cancer plus beau que les leurs, un éléphantiasis de grosseur insolite : jalousies qui vont parfois jusqu'à l'assassinat.

Eh bien ! mon brave électeur, normand ou gascon, picard ou cévenol, basque ou breton, si tu avais une lueur de raison dans ta cervelle, si tu n'étais pas l'immortel abruti que tu es, le jour où les mendiants, les estropiés, les monstres électoraux viendront sur ton passage coutumier étaler leurs plaies et tendre leurs sébiles, au bout de leurs moignons dartreux, si tu n'étais pas l'indécrottable Souverain, sans couronne, sans royaume, que tu as toujours été, ce jour-là, tu t'en irais tranquillement pêcher à la ligne, ou dormir sous les saules, ou trouver les filles derrière les meules, ou jouer aux boules, dans une sente lointaine et tu les laisserais, tes hideux sujets, se battre entre eux, se dévorer, se tuer. Ce jour-là, vois-tu, tu pourrais te vanter d'avoir accompli le seul acte politique et la première bonne action de ta vie.

(14 juillet)   Octave MIRBEAU.

LECTEUR,

Si tu as compris cette brochure, si tu veux la propager, apprends qu'une série de quatre brochures : *1° Electeur, écoute*, par Sébastien FAURE ; *2° La Grève des Electeurs*, par O. MIRBEAU ; *3° Absurdité de la politique ; 4° Electeur, ne vote pas !* a été éditée par le bureau Anti-Parlementaire au nombre de **200.000 exemplaires** pour être distribuées gratuitement. Tu peux coopérer à notre œuvre en adressant mandats au nom de BIDAULT, 69, Bd de Belleville, Paris (11e). Prix de ces brochures : **2 fr. 75** le cent franco ou **25 fr.** le mille.

BUREAU ANTI-PARLEMENTAIRE 1919

Groupe de Propagande par la Brochure à distribuer

L'Absurdité de la Politique

I

Le suffrage universel n'est pas et ne peut être universel

Par « *suffrage universel* » on entend le suffrage *de tout le monde*. En réalité ce n'est le suffrage de *personne*.

En effet, il y a lieu, tout d'abord, d'observer que :

— Les femmes n'ont pas le droit de vote ;

— Les hommes de moins de 21 ans n'ont pas le droit de vote ;

— Les soldats n'ont pas le droit de vote ;

— Ceux que la loi prive de leurs droits politiques n'ont pas le droit de vote. Ensuite :

— Ceux qui, pour une raison ou pour une autre, maladie, travail, etc.), ne peuvent aller à l'urne le jour du scrutin ne votent pas ;

— Ceux qui ne trouvent pas de candidat à leur goût, ne votent pas, votent blanc ou expriment un suffrage inexact.

— Les abstentionnistes volontaires ou indifférents ne votent pas.

Restent les votants. Mais une grande partie des suffrages de ces derniers ne comptent pas, car :

— Ceux qui ont donné leurs voix à des candidats non élus, peuvent être considérés comme ayant voté zéro ;

— De même ceux dont les représentants sont mis en minorité dans les assemblées peuvent être considérés comme ayant voté zéro ;

Restent en définitive, les électeurs dont les représentants votent les lois.

Ces électeurs, observerons-nous en passant, éprouveraient peut-être de la difficulté à adopter une opinion uniforme, si leur élu les consultait chaque fois qu'il doit voter en leur nom.

Mais il y a mieux.

La majorité d'une assemblée ne peut se mettre d'accord sur un texte de loi sans « *conciliation* ». Pour *se concilier*, les uns et les autres doivent abandonner un peu de leurs idées. Nul ne peut prétendre faire accepter les siennes en totalité.

A quoi donc sert d'exprimer son suffrage, puisque de cette expression ne peuvent sortir ·

— Ni le désir de l'électeur ;

— Ni la vérité qui est intransigeante et incompatible avec une côte mal taillée ?

A quoi donc aboutit réellement le suffrage *dit « univez sel » ?*

A faire opprimer des minorités par des majorités, sans aucune garantie que ces majorités aient pour elles la raison, et même (nous le montrerons plus loin) avec la certitude que ces majorités ne peuvent avoir pour elles la raison.

En résumé, le suffrage dit « universel » n'est pas le suffrage de tout le monde. C'est un *truc* qui peut servir à certains hommes (intrigants) pour opprimer d'autres hommes. Ce n'est pas tout.

II

Le suffrage dit universel est un moyen puissant d'endormir l'activité humaine

En effet, à partir de vingt et un ans, tous les quatre ans (c'est-à-dire une fois en 1460 ou 1461 jours), l'électeur vote (c'est-à-dire essaie d'opprimer ceux qui pensent autrement que lui). L'autorité, elle, fonctionne tous les jours, à tous les instants.

Suffrage universel signifie donc : 1 jour de droit à l'intrigue, 1459 ou 1460 jours d'abdication.

On voit que le suffrage universel est un puissant moyen d'endormir l'activité humaine. Il n'a rien de commun avec la souveraineté populaire, avec le droit d'être à tout moment aussi souverain qu'autrui. Il n'a rien de commun avec l'égalité.

III

Le système politique est absurde

Dans un pays où existe le régime parlementaire, les hommes déterminent les actes ordonnés, permis et défendus, c'est-à-dire *la loi*, de la façon suivante :

1° Nomination de délégués (députés, sénateurs, conseillers, etc.). Cette nomination équivaut à l'abdication totale de l'activité individuelle entre les mains des politiciens ;

2° Assemblée des politiciens qui émettent des appréciations et établissent des textes en votant sur ces appréciations ;

3° Imposition par la force de ces votes.

Ce système est absurde.

S'il y a véritablement des actes que les hommes doivent ordonner, permettre et défendre, il serait intéressant de déterminer ces actes par la logique. S'il n'y en a pas, les politiciens ne sont pas plus qualifiés que les autres hommes pour les déterminer.

Comment établit-on la vérité ? Comment détermine-t-on la science ?

Nomme-t-on à cet effet des délégués ? — Non. Celui qui dégage la vérité n'a été délégué par personne. Souvent il n'a ni diplôme ni dignité. — Vote-t-on en matière scientifique ? — Non. Le vote ne prouve rien. Galilée était seul à dire que la terre tourne. Minorité, il avait pourtant raison contre la majorité. — Impose-t-on la science par la force ? — Non. On dit aux hommes : « La voici. Voici les preuves. Vous vous imposerez à vous-mêmes ce que vous aurez reconnu juste. »

Au point de vue scientifique, la *raison* des hommes est parfaite. Personne ne s'insurge contre la science, pas même les ignorants, parce que ces derniers savent qu'elle est vérifiée par ceux qui en sont capables et qu'eux-mêmes, s'ils s'en rendaient capables, pourraient la vérifier.

Au point de vue légal, la *déraison* des hommes est parfaite. La loi déterminée d'une façon absurde, peut être inepte, vexatoire. Elle n'en est pas moins LA LOI, du moment qu'elle aura été votée et promulguée selon les règles absurdes admises.

Voilà le système politique. Etranger à la raison, il ne peut donner de résultats raisonnables. La politique, méthode illogique ne peut servir à l'établissement de règles de conduite logiques.

C'est le fait de fous de vouloir, si ces règles existent, les déterminer et les imposer aux gens sensés autrement que par *une méthode rationnelle*.

IV

La loi est le droit du plus fort

Tout individu, arrêté à l'âge de raison, se trouve en présence d'une quantité innombrable de lois. S'il dit : « Ces lois faites sans moi, contre moi, me déplaisent », on lui répond : « Observe-les d'abord; tu pourras ensuite, quand l'occasion s'en présentera, user de tes droits de citoyen pour changer l'ordre social ». S'il remarque : « Je suis pressé », on lui réplique : « Il ne faut pas être pressé. Ceux qui fabriquent les lois sont chargés par toi ou par tes adversaires d'agir en tes lieu et place. *Fais de la politique.* »

Or la politique aboutit à la confection de la loi et la loi n'est pas autre chose que l'acceptation par certains hommes (majorité) d'appréciations que contestent d'autres hommes (minorité).

Imposer des appréciations par la force, c'est tyranniser.

La loi est l'oppression suprême, l'oppression légale, le droit du plus fort.

Les droits d'un homme ne peuvent dépendre de l'appréciation plus ou moins désintéressée d'autres hommes. Ces droits sont ou ne sont pas. S'ils sont, il convient de les déterminer par la *logique* et de les exercer au besoin, *malgré la loi.*

V

Tout électeur est conservateur

Puisque la politique aboutit à la confection de la loi, il est bon de montrer que la loi est vaine.

A la vérité il n'y a pas de loi, il ne peut y avoir de loi, la loi ne compte pas, ou plutot il n'y a qu'une séule loi, inscrite implicitement dans tous les codes : « *Ne te fais pas pincer* ».

En effet, la Société ne punit pas ceux qui violent la loi, *elle punit ceux qui se font pincer* en violant la loi, ce qui n'est pas la même chose. Il n'est pas possible que celui qui viole la loi sans se faire pincer puisse être puni.

On est donc en droit de dire que la loi est une prime aux fourbes, qu'elle dit aux hommes : « Inutile d'être loyaux, soyez malins. Tout aux retors, rien aux faibles, rien aux simples qui n'ont ni l'intelligence, ni la canaillerie nécessaires pour utiliser la loi à leur profit ».

Cela est si vrai qu'il y a des gens (avocats et magistrats) dont le métier officiel est d'essayer soit de tourner, soit de faire appliquer la loi, suivant les besoins de la cause.

En effet, toutes les fois que les hommes sont appelés à voter cet appel peut être considéré comme la demande d'une signature pour la prolongation du prétendu contrat social. Le votant est un homme qui vient le jour où on le sonne comme un larbin, le jour où on le siffle comme un chien dressé à obéir, qui vient ce jour-là seulement, et pas les autres jours, un homme qui vient quand l'autorité dit : « Le moment est arrivé de sanctionner une fois de plus et de faire marcher un système établi par d'autres et pour d'autres que toi. Le moment est arrivé de choisir ceux qui feront partie de ce système avec ou sans intention de le modifier, de choisir ceux, qui, pour contribuer au fonctionnement de la machine à broyer le faible, seront payés en argent, en influences, en privilèges, en honneurs. Le moment est arrivé d'écarter une fois de plus l'idée de révolte contre l'organisation qui t'exploite et d'obéir à l'autorité. Le moment est arrivé de voter, c'est-à-dire de faire un acte dont la signification est : « JE RECONNAIS LES LOIS ».

Ne voit-on pas que la première signification de l'abstention électorale est celle-ci :

« JE NE RECONNAIS PAS LES LOIS. *Je ne veux pas du*

« régime que l'on m'impose et que l'on veut continuer à
« m'imposer. »

Il suit de là que tout électeur (qu'il se dise à juste titre
monarchiste, ou à tort socialiste-révolutionnaire), est un
conservateur, puisque le résultat de son vote est de contribuer à faire fonctionner le système en vigueur.

VI

Tout abstentionniste conscient est un révolutionnaire

Nous avons montré que la politique est un moyen puissant
pour les privilégiés d'endormir l'activité des non-privilégiés.
On dit aux hommes : « Mettez votre cervelle dans votre po-
« che, vous l'en sortirez une fois de loin en loin pour voter,
« c'est-à-dire pour consolider l'autorité. Pendant que vous
« abdiquerez, l'autorité fonctionnera sans arrêt. »

Et l'on s'étonne que la révolution ne se fasse pas ! Il y
aurait lieu de s'étonner que la révolution se fît avec un
pareil système, avec un système antirévolutionnaire, avec
un système conservateur.

La révolution se fera quand les hommes cesseront d'ab-
diquer leur activité.

La révolution se fera quand les hommes cesseront de délé-
guer leurs pouvoirs, quand ils cesseront de se nommer des
maîtres, quand ils cesseront de permettre à des gens pareils à
eux de dire: « Vous m'avez donné le droit d'agir pour vous ».

L'autorité tombera le jour où les hommes cesseront de se
l'imposer à eux-mêmes, le jour où ils cesseront de créer des
catégories de privilégiés, de gouvernants, d'oppresseurs.

La révolution commencera au moment précis où les hom-
mes abandonneront la politique.

Toutes les révolutions ont été des moments où les hommes
ont abandonné la politique, où ils se sont occupés eux-
mêmes de leur sort.

Tout homme qui abandonne la politique commence la ré-
volution, car il reprend son activité abdiquée jusque là.

VII

Quelles seraient les conséquences de la grève électorale ?

Ces conséquences seraient les suivantes :

Déclaration de guerre au système établi et commencement
des hostilités avec certitude de réussir à renverser ce régime.

En effet, refuser de voter dans les conditions indiquées
plus haut, n'est pas un acte d'inertie, mais un acte de révolte. Les gouvernants comprendront que l'abstentionniste
conscient n'est pas un indifférent, mais un révolté et que ce
révolté ne peut pas ne pas agir.

En outre, l'abstention généralisée rendrait difficile l'exer-
cice du gouvernement.

Quelle autorité aurait un individu élu par une petite portion des électeurs? Quelle auotrité auraient des assemblées d'individus délégués par des minorités ? Quelle autorité aurait le pouvoir exécutif élu par ces assemblées ?

Du moment que l'autorité pour fonctionner, éprouve le besoin de se faire justifier par le vote, on peut conclure *qu'il y a une limite* de suffrages au-dessous de laquelle l'AUTORITÉ EST DISQUALIFIÉE.

Et, tandis que l'on disqualifierait l'autorité, la masse prendrait conscience de sa force

Revenons à notre point de départ. S'il est vrai que la Société actuelle dure parce que les non-privilégiés, les prolétaires se résignent, il importe que ceux-ci cessent de se résigner, il importe qu'ils se mettent en état de révolte, *il importe que chacun de ceux qui veulent renverser la société se mette en état de révolte pour son propre compte* et, comme les prolétaires sont de beaucoup les plus nombreux, la révolte généralisée rendrait le renversement CERTAIN.

Ce qui précède montre, je crois, l'importance de la grève électorale, prélude possible d'une révolution dont la forme moderne paraît être la grève générale.

La grève générale, ou, si l'on veut, la grève généralisée, apparaît comme une arme tellement puissante qu'à notre sens certaines grèves partielles prenant de l'extension (comme par exemple, la grève des contribuables et celle des locataires), suffiraient pour amener le bouleversement social.

Un mouvement de cette nature serait, non seulement étranger à la politique, mais encore dirigé contre la politiqu, c'est-à-dire contre le système dont résulte l'organisation autoritaire qui annule notre liberté.

Ajoutons que le bouleversement social ne peut être que le mouvement précédant l'établissement d'une société raisonnable. Il est facile de montrer que celle-ci pourra être établie, dès que suffisamment d'hommes auront compris qu'elle dépend uniquement du remplacement de la *concurrence* par la *camaraderie*.

VIII

Objection : Si les révolutionnaires ne votent pas, on abandonne le pouvoir aux non-révolutionnaires

Remarquons que cette objection ne peut être faite par un révolutionnaire conscient, tout individu au pouvoir, même temporairement, ne pouvant être un révolutionnaire.

En effet, le but d'un révolutionnaire conscient est — non la *conquête* — mais la *destruction* du pouvoir.

Peut-on espérer détruire le pouvoir en continuant à le faire fonctionner, en faisant acte de conservateur ?

L'électeur, avons-nous dit, est conservateur parce qu'il

fabrique un rouage de l'autorité, le rouage essentiel sans lequel point d'autorité.

L'élu, qui est ce rouage, est nécessairement conservateur, étant portion agissante de l'autorité, étant l'autorité.

Même en supposant électeurs et élus désireux de détruire le pouvoir, le fait qu'il y a des élus contribue — non à détruire le pouvoir — mais à le justifier.

En outre, vouloir imposer la liberté par l'autorité, paraît bizarre. La liberté et l'autorité, on l'a dit bien souvent, sont incompatibles à tel point que l'une augmente à mesure que l'autre diminue et réciproquement.

Jusqu'à présent toutes les sociétés ont été établies sur le principe d'autorité. Même ce qu'on dénomme à tort *socialisme* est une forme de ce principe. Déléguer ces pouvoirs à quelques-uns chargés de tout répartir au mieux de la collectivité (*collectivisme*), équivaut à l'abandon de ses droits. Les camarades répartiteurs seront des privilégiés, des gouvernants, des oppresseurs; les autres seront des gouvernés, des exploités, des opprimés.

Nul ne pouvant admettre qu'on l'opprime, ne peut s'autoriser à opprimer autrui. L'individu logique arrive nécessairement à la conception du *communisme libertaire*, qu'on pourrait ainsi dénommer *camaraderie intégrale*.

Le vote, conduisant à l'autorité, il convient de lutter contre le vote et non d'y participer.

RÉSUMÉ

— Le suffrage universel est à tort appelé *universel*. Il n'est pas et ne peut être universel. Il ne peut donner satisfaction à personne.

— Le suffrage dit « universel » est le moyen puissant d'endormir l'activité humaine. Le peuple, « prétendu souverain » est un esclave que l'on saoûle avec des mots. L'électeur est un homme qui abdique et se donne des maîtres.

— Le système politique est absurde. Procédant contrairement à toutes les règles de la logique, il ne peut donner des résultats raisonnables.

— Ce système ne peut aboutir :

Qu'à l'oppression d'une certaine quantité d'hommes par d'autres hommes et non à la plus grande somme de liberté pour tous ;

Qu'à l'organisation de la fourberie.

— Tout électeur est un conservateur, puisque son vote fabrique l'autorité.

— Tout abstentionniste conscient est un révolutionnaire puisque si personne ne votait, il n'y aurait pas d'autorité.

— En votant, on ne peut espérer mettre des révolutionnaires au pouvoir, puisque le pouvoir ne peut être autre chose que conservateur. Il y a lieu, non de *conquérir*, mais de *détruire* le pouvoir.

— Il importe donc, pour tous ceux qui reconnaissent la société mal faite et désirent la changer :

1º De se débarrasser des préjugés qui, comme le préjugé politique, font d'un homme, malgré lui, un conservateur ;

2º D'étudier avec ceux qui croiront les connaître, les principes d'une société raisonnable, afin de devenir des révolutionnaires conscients ;

3º De ne pas se contenter d'être théoriquement des révolutionnaires conscients, mais de mettre en toute occasion leurs actes d'accord avec leurs idées.

LECTEUR,

Si tu as compris cette brochure, si tu veux la propager, apprends qu'une série de quatre brochures : *1º Electeur, écoute*, par Sébastien FAURE ; *2º La Grève des Electeurs*, par O. MIRBEAU ; *3º Absurdité de la politique ; 4º Electeur, ne vote pas !* a été éditée par le bureau Anti-Parlementaire au nombre de **200.000 exemplaires** pour être distribuées gratuitement. Tu peux coopérer à notre œuvre en adressant mandats au nom de BIDAULT, 69, Bd de Belleville, Paris (11e). Prix de ces brochures : **2 fr. 75** le cent franco ou **25 fr.** le mille.

Imp. "La Fraternelle" 55, rue Pixérécourt, Paris (20e).

HENRY (Emile). — Déclarations en Cour d'Assises.	0 10
HERMITE (Jean). — Régime Syndical ou Démocratie directe	0 50
HUREAU (Emile). — La Faillite de la Politique	0 20
JACOB. — Pourquoi j'ai cambriolé	0 10
KROPOTKINE (Pierre). — La Morale anarchiste	0 30
— Le Salariat	0 25
— Communisme et Anarchie	0 20
— La Loi et l'Autorité	0 20
— Aux Jeunes Gens	0 20
— Le Principe anarchiste	0 10
— L'Action anarchiste dans la Révolution	0 15
— L'Organisation de la Vindicte appelée Justice.	0 15
— L'Idée Révolutionnaire dans la Révolution.	0 15
— L'Esprit de Révolte	0 15
LA BOÉTIE (Étienne de). — La Servitude volontaire.	0 20
LAISANT (C.-A.) — L'Education de demain	0 15
— L'Illusion parlementaire	0 10
— Contre les 3 Ans	0 10
LANOFF (Robert). — De la Rue Ordener aux Aubrays.	0 05
LÉONARD. — L'Election du Maire de la Commune. .	0 10
— Le Tréteau électoral	0 10
LEVIEUX. — Hommes libres, Policiers et Magistrats.	0 10
LIBERTAD (Albert). — La Joie de Vivre	0 15
— Le Travail antisocial et les Mouvements utiles.	0 30
LORULOT (A.). — Le Mensonge électoral	0 05
— La Justice et les Criminels	0 10
— L'Invasion (*Drame antiguerrier en 3 actes*) . . .	0 60
— L'Oligarchie financière	0 75
— L'Humanité dégénère-t-elle?	0 60
— Le Crime de 1914	1 20
— Causeries sur la Civilisation	0 80
— L'Individualisme anarchiste	0 15
— La Franc-Maçonnerie et la Guerre	1 50
— Fusilleurs et Fusillés	0 15
LORULOT et HAN RYNER. — Liberté ou Déterminisme?	0 75
LORULOT et l'ABBÉ VIOLLET. — Morale sexuelle	1 »
MAHÉ (Anna). — L'Hérédité et l'Education	0 80
MALATESTA (Henri). — Entre Paysans	0 80
MATISSE. — Les Ruines de l'Idée de Dieu	2 »
MAURICIUS. — La Blague du Suffrage universel	0 05
— Mon Anarchisme	0 05
— L'Apologie du Crime	0 10
— A bas l'Autorité	0 80
— Les Profiteurs de la Guerre	0 50
— Ce que j'aurais dit en Haute Cour	0 60
MESNIL (Jacques). — Esprit révolutionnaire et Syndicalisme.	0 10
MIRBEAU (Octave). — La Grève des Electeurs	0 10
MORAT (E.-D.). — Pourquoi nous sommes antimilitaristes.	0 20
MYRIAL (Alexandra). — Pour la Vie	1 90
NAQUET (Alfred). — L'Inanité des Réformes fiscales.	0 15

Pour la campagne antiparlementaire 1924

Le groupe de **Propagande par la brochure** 39, rue de Bretagne, Paris. Chèque postal : Bidault, 239-02, offre aux groupes ou camarades quatre brochures à distribuer :

1° **Electeur, écoute,** par Sébastien Faure.

2° **La Guerre des Electeurs,** par Octave Mirbeau.

3° **Absurdité de la politique,** par Paraf. Javal.

4° **Electeur ne vote pas!** C. A. P.

Ces quatre brochures assorties ou non au prix de **2 fr. 75** le cent franco.

Lire, faire lire :

Le Mensonge électoral, p' Lorulot, **0 fr. 10**

La Blague du Suffrage Universel, par Mauricius, **0 fr. 10.**

La Faillite de la Politique, par Emile Hureau, **0 fr. 25.**

Si j'avais à parler aux électeurs, par Jean Grave, **0 fr. 10.**

Le Tréteau électoral, par Léonard, **0 fr. 15.**

L'Election du Maire de la Commune, par Léonard, **0 fr. 15.**

L'Illusion parlementaire, par A. Laisant, **0 fr. 10.**

En vente à la Brochure Mensuelle, 39, rue de Bretagne, Paris.

LA BROCHURE MENSUELLE

Téléph. : Archives : 65-24 — Compte chèque postal 239-02
39, Rue de Bretagne — Paris (3e)

COLLECTION 1923

ABONNEZ-VOUS! ABONNEZ VOS AMIS
Rolland), par HAN RYNER.......................... 0 20
à la " Brochure Mensuelle "

La plus pratique des vulgarisations, la plus économique des diffusions, l'édition des meilleures brochures.

Abonnez-vous à *La Brochure Mensuelle* et vous recevrez tous les mois, pendant un an, 5 brochures de 32 pages, ou 6 brochures de 24 pages, ou 10 brochures de 16 pages (2 titres) ou 20 brochures de 8 pages (2, 3 ou 4 titres). — Prix, 6 fr. - Six mois, 3 fr.

Abonnement d'essai : Un exemplaire chaque mois. Prix, 1.50

Renseignez-vous sur les avantages accordés aux abonnés

Imprimerie spéciale de *La Brochure Mensuelle*, 39, rue de Bretagne - Paris-3e
Le Gérant : Bidault